건강보험 심사평가원

직업기초능력평가 모의고사

[전산직]

정답 및 해설

SEOWONGAK
(주)서원각

1 ①

공문서는 시행일자 뒤에 수신처에서 문서를 보존할 기간을 기입해야 하지만 행정기관이 아닌 경우에는 기재를 하지 않아도 된다. 참고로 보존기간의 표시로는 영구, 준영구, 10년, 5년, 3년, 1년 등을 사용한다.

2 ②

사회보험의 종류에는 공적연금, 건강보험, 산재보험, 고용(실업)보험, 노인장기요양보험 등이 있으며 공적연금은 다시 노령연금, 유족연금, 장애연금으로 구분된다.

3 ④

④ 기원 – 祈願

4 ④

법정대시인 → 법정대리인

재란법인 → 재단법인

정부투기기관 → 정부투자기관

체유하는 → 체류하는

5 ④

토론의 주제는 찬성과 반대로 뚜렷하게 나뉘어질 수 있는 것이 좋다. 위 토론의 주제는 찬성(전교생을 대상으로 무료급식을 시행해야 한다.)과 반대(전교생을 대상으로 무료급식을 시행해서는 안 된다.)로 분명하게 나뉘어지므로 옳은 주제라 할 수 있다.

6 ③

㈎에서 나무꾼은 도끼날이 무뎌졌다는 근본적인 원인을 찾지 못 해 지칠 때까지 힘들게 나무를 베다가 결국 바닥에 드러눕고 말았다. 따라서 이를 끈기 있게 노력하지 않고 좋은 결과를 바라는 업무 태도 개선에 적용하는 것은 적용 대상의 모색이 잘못된 것이다.

7 ①

입찰 매매는 서면으로 최고 및 최저 가격을 제시한 자와 계약을 체결하며 주로 관공서나 공기업 등의 물품 구입이나 공사 발주 시 이용된다.

8 ②

기업의 자금 조달 중 보통주 발행은 자기 자본으로 형성되며 주식에 투자한 주주는 경영 참가권을 갖게 된다. 채권 발행은 타인 자본이며, 기업은 이자 부담과 원금 상환 의무를 가지게 된다.

9 ⑤

⑤ 절약은 소비를 줄이는 행동이지만 이를 통해 원자로 1기를 덜 지어도 동일한 생산 효과를 얻을 수 있다는 말이다.

① 절약을 통해 생산이 감소한다는 것은 단순하게 이해한 것으로, 절약을 통해 불필요한 생산을 막을 수 있다는 의미가 드러나지 않았다.

② 절약으로 전력 사용량을 감소시킬 수 있다.

③ 절약을 통해 불필요한 생산을 막을 수 있기 때문에 생산과 관련이 있다.

④ 전후 관계가 반대로 되었다.

10 ④

④ 글쓴이는 우리가 처해진 문제 상황을 제시하고 이 속에서 에너지의 절약은 선택 사항이 아니라 반드시 해야 하는 필수임을 강조하고 있다.

11 ①

주어진 글은 하회 마을 여행을 권유하는 안내문으로, 하회 마을과 그 주변 지역의 대표적인 관광지에 대한 정보를 제시한 후에, 하회 마을의 여행 일정을 추천하고 하회 마을 여행의 의의를 밝히고 있다.

12 ③

좋은 글은 한 번에 완성되지 않는다. 따라서 효과적으로 자신의 의도를 표현하기 위해서는 글을 쓰면서 조정과 점검의 과정을 거치는 것이 좋다. 글쓴이는 5월이 가족 여행하기에 좋은 계절이라고 말하고 하회 마을이 가족 여행지로 적합하다는 점을 강조하고 있다. 〈보기〉의 내용은 그렇게 표현하는 과정에서 좀 더 독자들의 관심을 끌고 이해를 돕기 위해 내용을 적절하게 조정하고 점검하는 내용에 해당한다.

13 ③

① 김 교수의 첫 번째 발언에서 확인할 수 있다.
② 이 교수의 첫 번째 발언에서 확인할 수 있다.
④ 이 교수의 마지막 발언에서 확인할 수 있다.
⑤ 이 교수의 두 번째 발언에서 확인할 수 있다.

14 ②

② 김 교수는 앞서 말한 이 교수의 의견에 공감을 표하며 자신의 의견을 덧붙이는 방식으로 자신의 의견을 표현하고 있다.

15 ①

주식, 채권은 직접 금융 시장에서 자금을 조달하며, 주식은 수익성이 높으며, 저축과 채권은 주식보다는 안정성이 높다.

16 ②

주어진 조건에 의해 다음과 같이 계산할 수 있다.
$\{(1,000,000 + 100,000 + 200,000) \times 12$
$+ (1,000,000 \times 4) + 500,000\} \div 365 \times 30$
$= 1,652,055$원
따라서 소득월액은 1,652,055원이 된다.

17 ③

4명의 참석자를 각각 A, B, C, D라 하고 좌석을 a, b, c, d라 하면
4명 중 A만 자신의 자리 a에 앉고 나머지 좌석에 3명이 앉을 경우의 수는

$3 \times 2 \times 1 = 6$가지

그러나 3명은 모두 자신의 자리가 아닌 곳에 앉아야 하므로 (A, C, D, B), (A, D, B, C)의 2가지만 조건에 해당된다.

a	A					
b	B		C		D	
c	C	D	B	D	B	C
d	D	C	D	B	C	B

그러므로 경우의 수는 $4 \times 2 = 8$가지가 된다.

18 ③

㈎ 경상수지, ㈏ 본원소득수지

경상수지는 상품수지, 서비스수지, 본원소득수지, 이전소득수지로 구성되며, 자본금융 계정은 자본수지와 금융계정으로 구성된다.

㉠ 경상수지 적자가 지속되면 통화량이 줄어들어 디플레이션이 발생할 수 있다.
㉡ 국내 기업이 보유하고 있는 외국인의 배당금을 해외로 송금하면 본원소득수지에 영향을 미친다.
㉢ 국내 기업이 외국에 주식을 투자할 경우 영향을 미치는 수지인 금융계정은 흑자가 지속되고 있다.
㉣ 외국 기업이 보유한 특허권 이용료 지불이 영향을 미치는 수지인 자본금융은 2014년 적자를 기록하고 있다.

19 ③

고등학교	국문학과	경제학과	법학과	기타	진학 희망자수
A	(420명) 84명	(70명) 7명	(140명) 42명	(70명) 7명	700명
B	(250명) 25명	(100명) 30명	(200명) 60명	(100명) 30명	500명
C	(60명) 21명	(150명) 60명	(120명) 18명	(180명) 18명	300명
D	(20명) 6명	(100명) 25명	(320명) 64명	(120명) 24명	400명

20 ②

① 1인 가구인 경우 852,000원, 2인 가구인 경우 662,000원, 3인 가구인 경우 520,000원으로 영·유아 수가 많을수록 1인당 양육비가 감소하고 있다.

② 1인당 양육비는 영·유가가 1인 가구인 경우에 852,000원으로 가장 많다.

③ 소비 지출액 대비 총양육비 비율은 1인 가구인 경우 39.8%로 가장 낮다.

④ 영·유아 3인 가구의 총양육비의 절반은 793,500원이므로 1인 가구의 총양육비는 3인 가구의 총양육비의 절반을 넘는다.

⑤ 영·유아 1인 가구와 2인 가구의 총양육비 합은 2,176,000원으로 영·유아 3인 가구 총양육비의 2배인 3,174,000원보다 적다.

21 ①

할부 이용시 연이율은 3%가 적용되지만, 선수금이 10% 오르는 경우 0.5% 하락하므로 초기비용으로 500만 원을 지불하면 연이율은 2.5%가 적용된다.

22 ③

설치일로부터 18개월 이후 해지시 위약금은 남은 약정금액의 10%이므로

$(690,000원 \times 19회) \times 0.1 = 1,311,000원$

23 ①

$\dfrac{\text{이수인원}}{\text{계획인원}} \times 100 = \dfrac{2,159.0}{5,897.0} \times 100 ≒ 36.7(\%)$

24 ③

㉠ 중국은 미국보다 1인당 취수량이 적다.

㉡ 미국은 인도보다 농업용도 취수 비중이 낮지만 1인당 취수량이 매우 많기 때문에 1인당 농업용수의 취수량이 많다.

㉢ 오스트레일리아는 브라질보다 물 자원량에서 차지하는 취수량의 비중이 높다.

브라질 : $\dfrac{59}{8,243} = 0.00715$

오스트레일리아 : $\dfrac{24}{492} = 0.04878$

㉣ 물 자원량이 많은 국가라고 해서 1인당 물 자원량이 많지는 않다.

25 ④

① 커피전체에 대한 수입금액은 2008년 331.3, 2009년 310.8, 2010년 416, 2011년 717.4, 2012년 597.6으로 2009년과 2012년에는 전년보다 감소했다.

② 생두의 2011년 수입단가는(528.1 / 116.4 = 4.54) 2010년 수입단가(316.1 / 107.2 = 2.95)의 약 1.5배 정도이다.

③ 원두의 수입단가는 2008년 11.97, 2009년 12.06, 2010년 12.33, 2011년 16.76, 2012년 20.33로 매해마다 증가하고 있다.

⑤ 2012년 생두의 수입중량은 100.2톤으로 커피제조품의 20배 이하이다.

26 ③

① 2010년 원두의 수입단가 = 55.5 / 4.5 = 12.33

② 2011년 생두의 수입단가 = 528.1 / 116.4 = 4.54

③ 2012년 원두의 수입단가 = 109.8 / 5.4 = 20.33

④ 2011년 커피조제품의 수입단가 = 98.8 / 8.5 = 11.62

⑤ 2012년 생두의 수입단가 = 365.4/100.2 = 3.65

27 ④

㉢ 2016년 여성 평균 임금이 남성 평균 임금의 60%이므로 남성 평균 임금은 여성 평균 임금의 2배가 되지 않는다.

㉣ 고졸 평균 임금 대비 중졸 평균 임금의 값과 고졸 평균 임금 대비 대졸 평균 임금의 값 간의 차이는 2014년(1.20−0.78=0.42)과 2016년(1.14−0.72=0.42)에 0.42로 같다. 그러나 비교의 기준인 고졸 평균 임금이 상승하였으므로 중졸과 대졸 간 평균 임금의 차이는 2014년보다 2016년이 크다.

28 ①

㉢ 다문화 가정의 취학 학생 수가 26,015명에서 31,788명으로 약 22.2%가 증가하였다.

㉣ 2013년에는 그 비중이 전년도에 비해 감소하였다.

29 ④

보증료＝보증금액×최종 적용 보증료율×$\dfrac{보증기간}{365}$

보증금액은 150억 원

최종 적용 보증료율은 CCRS 기준 K6등급이므로 1.2%의 보증료율, 보증비율 미충족이므로 가산요율 0.2%p, 물가안정 모범업소로 지정받았으므로 차감요율 0.2%p를 모두 합하여 계산하면

150억 원×(1.2%+0.2%-0.2%)×$\dfrac{73}{365}$＝3,600만 원이 된다.

30 ①

사슴＝판다＋토끼

기린＝사자＋토끼

사슴 2＝판다 4~사자 2

기린 2＝판다 2+사자 4

기린 4+사슴 3＝토끼 5+판다 7+사자 5

사자 5＝기린 2

여기서 사자 5에 기린 2를 대입하면 기린 4+사슴 3＝토끼 5+판다 7+기린 2

기린 2+사슴 3＝토끼 5+판다 7 → 사슴＝판다+토끼를 대입하면

기린 2+판다 3+토끼 3＝토끼 5+ 판다 7 → 기린 2＝토끼 2+판다 4

여기서 기린＝사자+토끼를 대입하면

사자 2+토끼 2＝토끼 2+ 판다 4

사자＝＝판다 2 이므로 사자 인형의 가격은 2,000원

토끼 인형은 3,000원, 사슴 인형은 4,000원, 기린 인형은 5,000원이 된다.

31 ④

주체 높임은 용언의 어간에 높임의 선어말 어미 '-시-'를 붙여 문장의 주체를 높인다.

ㄹ에서는 종결어미 '-지요'를 사용하여 청자에게 높임의 태도를 나타내는 상대 높임 표현이 쓰였다.

32 ④

김 실장은 중국의 소비가 급등한 원인을 1인 가구의 급속한 증가로 인한 것으로 보았으나 인도는 10가구 중 9가구가 자녀가 있으며, 부양가족의 수가 많으면 소비가 낮다는 것을 고려한 것이다.

33 ③

① 건강보험공단에서 지원하는 제도이다.

② 임신지원금은 임신 1회당 50만원이나 다태아 임신 시에는 70만원이 지급된다.

④ 지원기간은 신청에 관계없이 이용권 수령일로부터 분만예정일＋60일까지이다.

⑤ 국민행복카드는 지정이용기관에서 이용권 제시 후 결제한다.

34 ①

만약 A가 범인이라고 가정한다면

	A	B	C
첫 번째 진술	×	×	○
두 번째 진술			×
세 번째 진술			×

C의 두 번째와 세 번째 진술은 거짓이므로 A와 C는 만나 적이 있다.

그러면 A의 세 번째 진술은 참이 되고 A의 두 번째 진술과 B의 세 번째 진술은 거짓이 된다.

이 경우 B의 첫 번째 진술과 세 번째 진술이 거짓이므로 두 번째 진술은 참이 되어야 하는데 C이 두 번째 진술과 상충되므로 가정을 한 A는 범인이 아니다.

C가 범인이라고 가정을 하면 A-ⓒ, B-ⓛ, C-ⓛ이 진실일 때 모순이 없다.

35 ④

ㄹ화제제시→ㄷ예시→ㄴ앞선 예시에 대한 근거→ㄱ또 다른 예시→결론의 순서로 배열하는 것이 적절하다.

36 ②

〈보기〉의 내용을 문제에 더해서 생각하면 'C는 변호사이다.'를 참으로 가정하면

	교사	변호사	의사	경찰	
A	×	×	×	○	경찰
B	○	×	×	×	교사
C	×	○	×	×	변호사
D	×	×	○	×	의사

이렇게 되나, '① A는 교사와 만났지만, D와는 만나지 않았다.'와 '④ D는 경찰과 만났다.'는 모순이 된다. 그러므로 ㉠ C는 변호사이다 → 거짓

㉡ 명제를 참이라고 가정하면 의사와 경찰은 만났으므로 B, C는 둘 다 의사와 경찰이 아니다. D는 경찰이 아니므로 A가 경찰, D가 의사가 된다. 그러나 ①에서 A와 D는 만나지 않았다고 했으므로 ④에서 만났다고 해도 모순이 된다.

그러므로 ㉠과 ㉡은 모두 거짓이다.

37 ②

한 명만이 진실을 말하고 있는 경우의 명제추리 문제는 주어진 조건을 하나씩 대입하여 모순이 없는 것을 찾는 방법으로 풀어볼 수 있다.

- 갑이 참을 말하는 경우 : 갑은 지역가입자이다. 이 경우 을은 거짓이므로 을도 지역가입자가 된다. 따라서 모순이 된다.
- 을이 참을 말하는 경우 : 을은 지역가입자가 아니므로 사업장 가입자 또는 임의가입자가 된다. 병은 거짓이므로 병은 임의가입자가 된다. 그러면 을은 사업장 가입자가 된다. 남는 것은 갑과 지역가입자인데 을의 말이 참이라면 갑의 말은 거짓이므로 갑은 지역가입자가 아니어야 하여 또한 모순이 된다.
- 병이 참을 말하는 경우 : 을은 지역가입자가 된다. 갑은 지역가입자가 아니므로 사업장 가입자 또는 임의가입자가 되고, 병은 사업장 가입자 또는 지역가입자가 된다. 이 경우, 을이 지역가입자이므로 병은 나머지 하나인 사업장 가입자가 되고, 이에 따라 갑은 나머지 하나인 임의가입자가 되면 아무런 모순 없이 세 명의 가입자 지위가 정해지게 된다.

정리하면 갑은 임의가입자, 을은 지역가입자, 병은 사업장 가입자가 되어 보기 ②가 거짓인 명제가 된다.

38 ②

- 화, 수, 목 중에 실시해야 하는 금연교육을 4회 실시하기 위해서는 반드시 화요일에 해야 한다.
- 금주교육이 월요일과 금요일을 제외한 다른 요일에 시행하므로 10일 이전, 같은 주에 이틀 연속으로 성교육을 실시할 수 있는 날짜는 4~5일뿐이다.
- 상황과 조건에 따라 A대학교 보건소의 교육 일정을 정리해 보면 다음과 같다.

월	화	수	목	금	토	일
1	금연 2	3	성 4	성 5	X 6	X 7
8	금연 9	10	11	12	X 13	X 14
15	금연 16	17	18	19	X 20	X 21
중 22	간 23	고 24	사 25	주 26	X 27	X 28
29	금연 30					

- 금주교육은 (3, 10, 17), (3, 10, 18), (3, 11, 17), (3, 11, 18) 중 실시할 수 있다.

39 ①

수정을 먼저 살펴보면 수정은 종로, 명동에 거주하지 않으므로 강남에 거주한다.

미연은 명동에 거주하지 않고 수정이 강남에 거주하므로 종로에 거주한다.

수진은 당연하게 명동에 거주하며, 직장은 종로이다.

또한 수정의 직장이 위치한 곳이 수진이 거주하는 곳이므로 수정의 직장은 명동이다.

그러면 당연하게 미연의 직장이 위치한 곳은 강남이 된다.

40 ③

㉢ 팀장님이 월요일에 월차를 쓴다고 하였다. → 월요일은 안 된다.

㉣ 실장님이 김 대리에게 우선권을 주어 월차를 쓸 수 있는 요일이 수, 목, 금이 되었다. → 월차를 쓸 수 있는 날이 수, 목, 금이라는 말은 화요일이 공휴일임을 알 수 있다.

㉤ 김 대리는 5일에 붙여서 월차를 쓰기로 하였다.

그럼 여기서 공휴일에 붙여서 월차를 쓰기로 했으므로 화요일이 공휴일이므로 수요일에 월차를 쓰게 된다.

41 ③

"VLOOKUP(B3, $B$8:$C$10, 2, 0)"의 함수를 해설해 보면 B3의 값(콜롬비아)을 B8:C10에서 찾은 후 그 영역의 2번째 열(C열, 100g당 단가)에 있는 값을 나타내는 함수이다. 금액은 "수량 × 단가"으로 나타내므로 D3셀에 사용되는 함수식은
"=C3*VLOOKUP(B3, $B$8: $C$10, 2, 0)"이다.

※ HLOOKUP과 VLOOKUP

    ㉠ HLOOKUP : 배열의 첫 행에서 값을 검색하여, 지정한 행의 같은 열에서 데이터를 추출

    ㉡ VLOOKUP : 배열의 첫 열에서 값을 검색하여, 지정한 열의 같은 행에서 데이터를 추출

42 ②

주어진 자료의 A사에서 사용하는 정보관리는 주요 키워드나 주제어를 가지고 정보를 관리하는 방식인 색인을 활용한 정보관리이다. 디지털 파일에 색인을 저장할 경우 추가, 삭제, 변경 등이 쉽다는 점에서 정보관리에 효율적이다.

43 ①

문제에서는 서비스의 특징 중 '소멸성'에 대해 묻고 있다. 소멸성은 판매되지 않은 서비스는 사라지며 이를 재고로 보관할 수 없다는 것을 말한다. 설령, 구매되었다 하더라도 이는 1회로서 소멸을 하고, 더불어 이에 따르는 서비스의 편익도 사라지게 되는 것이다. 문제에서 보면, 운송약관 7번은 '사용하지 않은 승차권은 출발시간이 지나면 사용할 수 없습니다.'인데 이것은 제공되는 서비스를 해당 시점에서 즉각적으로 이용하지 못할 경우에 다음 날 같은 차량, 좌석번호가 일치하더라도 사용하지 못하는 즉, 해당 시점에서 사용하지 못한 서비스는 재고로 보관할 수 없다는 것을 의미한다.

44 ④

대상승차권은 무궁화호 이상의 모든 열차승차권을 의미한다. 하지만 지하철에 대한 내용은 언급되어 있지 않다.

45 ①

(나)의 그림에서 가운데 상단을 보면 나의 접속 상태가 '온라인'으로 표시가 되어 있으며 그 아래에는 상대방이 인터넷에 연결되었는지 또는 연결되어 있지 않은지가 표시되어 있다.

46 ②

- 2015년 5월 : 1505
- 부산 3공장 : 3I
- 서재가구 책상 : 03012
- 19번째로 생산 : 00019

47 ②

'15063G0200700031', '15054J0201000005' 총 2개이다.

48 ①

① 고건국이 책임자로 있는 물류창고에는 광주 1공장에서 생산된 제품이 보관되어 있고 문정진이 책임자로 있는 물류창고에는 광주 2공장에서 생산된 제품이 보관되어 있다.

49 ③

특정한 데이터만을 골라내는 기능을 필터라고 하며 이 작업을 필터링이라 부른다.
① 원하는 기준에 따라 서식을 변경하는 기능으로 특정 셀을 강조할 수 있다.
② 원하는 단어를 찾는 기능이다.
④ 무작위로 섞여있는 열을 기준에 맞춰 정렬하는 기능으로 오름차순 정렬, 내림차순 정렬 등이 있다.
⑤ 언어 교정, 메모, 변경 내용 등을 검토한다.

50 ③

A=1, S=1
A=2, S=1+2
A=3, S=1+2+3
…
A=10, S=1+2+3+…+10
∴ 출력되는 S의 값은 55이다.

1 ④

임시회이 → 임시회의

재직위원 → 재적위원

자분 → 자문

방청건 → 방청권

대통령영 → 대통령령

2 ⑤

㉮ **임의계속가입자** : 국민연금 가입자 또는 가입자였던 자가 기간연장 또는 추가 신청을 통하여 65세까지 가입을 희망하는 가입자를 말한다.

㉯ **임의가입자** : 사업장가입자 및 지역가입자 외의 자로서 국민연금에 가입된 자를 말한다.

㉰ **지역가입자** : 사업장가입자가 아닌 자로서 국민연금에 가입된 자를 말한다.

㉱ **사업장 가입자** : 사업장에 고용된 근로자 및 사용자로서 국민연금에 가입된 자를 말한다.

3 ②

위 문서는 기안서로 회사의 업무에 대한 협조를 구하거나 의견을 전달할 때 작성하며, 흔히 사내 공문서라고도 한다.

4 ③

주주는 증권 시장을 통해 자신들의 주식을 거래할 수 있으며, 감사는 이사회의 업무 및 회계를 감시한다.

5 ①

제시된 포스터는 바다에 쓰레기를 투기하거나 신호보다 먼저 출발하는 행동을 사회의 부정부패에 비유하며 썩은 이를 뽑듯 뽑아내자고 이야기하고 있다. 따라서 이 포스터의 주제를 가장 잘 표현한 사원은 甲이라고 할 수 있다.

6 ③

위 글은 부패방지평가 보고대회가 개최됨을 알리고 행사준비관련 협조사항을 통보하기 위하여 쓴 문서이다.

7 ④

④ 국제노동기구에서는 사회보장의 구성요소로 전체 국민을 대상으로 해야 하고, 최저생활이 보장되어야 하며 모든 위험과 사고가 보호되어야 할뿐만 아니라 <u>공공의 기관을 통해서 보호나 보장이 이루어져야 한</u>다고 하였다.

8 ③

③ **파급(波及)** : 어떤 일의 여파나 영향이 차차 다른 데로 미침.

① **통용(通用)** : 일반적으로 두루 씀. 또는 서로 넘나들어 두루 씀.

② **책정(策定)** : 계획이나 방책을 세워 결정함.

④ **양육(養育)** : 아이를 보살펴서 자라게 함.

⑤ **부조(扶助)** : 남을 거들어 도와주는 일

9 ④

㉢ 문제해결능력은 업무수행과정에서 발생된 문제의 원인을 정확하게 파악하고 해결하는 능력이다.

㉣ 의사소통능력은 타인의 의도를 파악하고 자신의 의사를 정확히 전달하는 능력이다.

10 ①

지문은 최인철의 「프레임(나를 바꾸는 심리학의 지혜)」 중 일부로 '이것'에 해당하는 것은 '프레임'이다. 두 글에서 미루어 볼 때 프레임은 자기 자신의 관심에 따라 세상을 규정하는 사고방식이라고 할 수 있다.

11 ③

'찬성 2'는 두 번째 입론에서 자신이 경험한 사례를 근거로 한식의 세계화를 위해 한식의 표준화가 필요하다는 주장을 하고 있다. 이 주장에 앞서 여러 대안들을 검토한 바 없으므로, 여러 대안들 중 한식의 표준화가 최선의 선택이라는 점을 부각하고 있다는 것은 적절하지 않다.

12 ④

A→B, B→C이면 A→C의 관계를 대입해 보면,
무한도전을 좋아하는 사람 – [무], 런닝맨을 좋아하는 사람 –[런], 하하를 좋아하는 사람 –[하], 유재석을 좋아하는 사람 –[유]라고 나타낼 때,
[무→런], [유→무], [런→하]이므로
[유→런(유→무, 무→런)], [무→하(무→런, 런→하)], [유→하(유→무, 무→런, 런→하)]의 관계가 성립한다.
[~하→~무]는 [무→하]의 대우명제이므로 ④가 답이 된다.

13 ②

② B와 C가 취미가 같고, C는 E와 취미생활을 둘이서 같이 하므로 B가 책읽기를 좋아한다면 E도 여가시간을 책읽기로 보낸다.

14 ③

채무자인 乙이 실제 수령한 금액인 1,200만 원을 기준으로 최고연이자율 연 30%를 계산하면 360만 원이다. 그런데 선이자 800만 원을 공제하였으므로 360만 원을 초과하는 440만 원은 무효이며, 약정금액 2,000만 원의 일부를 변제한 것으로 본다. 따라서 1년 후 乙이 갚기로 한 날짜에 甲에게 전부 변제하여야 할 금액은 2,000 − 440 = 1,560만 원이다.

15 ②

甲~戊의 심사기준별 점수를 산정하면 다음과 같다. 단, 丁은 신청마감일(2014. 4. 30.) 현재 전입일부터 6개월 이상의 신청자격을 갖추지 못하였으므로 제외한다.

구분	거주 기간	가족 수	영농 규모	주택 노후도	사업 시급성	총점
甲	10	4	4	8	10	36점
乙	4	8	10	6	10	38점
丙	6	6	8	10	10	40점
戊	8	6	10	8	4	36점

따라서 상위 2가구는 丙과 乙이 되는데, 2가구의 주소지가 B읍·면으로 동일하므로 총점이 더 높은 丙을 지원하고, 나머지 1가구는 甲, 戊의 총점이 동점이므로 가구주의 연령이 더 높은 甲을 지원하게 된다.

16 ③

시와 분을 따로 생각하여 보면
시는 11시 → 9시 → 7시 →(   )
분은 45분 → 35분 → 25분 → (   )
시는 − 2, 분은 − 10씩 줄어듦을 알 수 있다.
그러므로 5시 15분이 된다.

17 ③

민수와 동기가 동시에 10개의 동전을 던졌을 때, 앞면의 개수가 많이 나올 확률은 민수와 동기 모두 같다. 둘이 10개의 동전을 함께 던진 후 동기가 마지막 한 개의 동전을 던졌다고 하면 앞면이 나올 확률은 50%이다. 그러므로 이 게임에서 민수와 동기가 이길 확률은 동일하다.

18 ①

이틀 연속으로 청구된 보상 건수의 합이 2건 미만인 경우는, 첫째 날과 둘째 날 모두 보상 건수가 0건인 경우, 첫째 날 보상 건수가 0건이고 둘째 날 1건인 경우, 첫째 날 보상 건수가 1건이고 둘째 날 0건인 경우가 존재한다.

$\therefore 0.4 \times 0.4 + 0.4 \times 0.3 + 0.3 \times 0.4$
$= 0.16 + 0.12 + 0.12 = 0.4$

19 ②

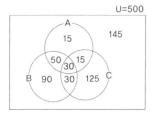

A, B, C 시험에 모두 불합격한 학생은

$500 - (15 + 15 + 50 + 30 + 90 + 30 + 125) = 145(명)$

이다.

20 ④

판매 총액은 판매 가격과 판매량을 곱한 값이다.

판매 가격을 $10 + X$라고 하면 판매량은 $360 - 20X$

판매 총액$= (10 + X) \times (360 - 20X)$

$3,600 - 200X + 360X - 20X^2$

$-20X^2 + 160X + 3,600$

$-20(X^2 - 8X) + 3,600 = -20(X - 4)^2 + 3,920$

$X = 4$일 때 판매 총액은 3,920만 원

21 ③

③ 같은 지역 안에서는 월간 가격 비교가 가능하다. '다' 지역의 경우 3월 아파트 실거래 가격지수가 100.0이므로 3월의 가격과 1월의 가격이 서로 같다는 것을 알 수 있다.

① 각 지역의 아파트 실거래 가격지수의 기준이 되는 해당 지역의 1월 아파트 실거래 가격이 제시되어 있지 않으므로 다른 월의 가격도 알 수 없으므로 비교가 불가능하다.

② 아파트 실거래 가격지수가 높다고 하더라도 기준이 되는 1월의 가격이 다른 지역에 비하여 현저하게 낮다면 실제 가격은 더 낮아질 수 있으나 가격이 제시되어 있지 않으므로 비교가 불가능하다.

④ '가' 지역의 7월 아파트 실거래 가격지수가 104.0이므로 1월 가격이 1억 원일 경우, 7월 가격은 1억 4천만 원이 아니라 1억 4백만 원이 된다.

⑤ '다' 지역의 1/4분기 아파트 실거래 가격은 4/4분기 아파트 실거래 가격보다 낮다.

22 ⑤

2016년의 기초연금 수급률이 65.6%이므로 기초연금 수급률은 65세 이상 노인 수 대비 수급자의 비율이라고 볼 수 있다. 따라서 이에 의해 2009년의 기초연금 수급률을 구해 보면, $3,630,147 \div 5,267,708 \times 100 = 68.9$%가 된다. 따라서 68.9%와 65.6%와의 증감률을 구하면 된다. 이것은 다시 $(65.6 - 68.9) \div 68.9 \times 100 = -4.8$%가 된다.

23 ⑤

1인 수급자는 전체 부부가구 수급자의 약 17%에 해당하며, 전체 기초연금 수급자인 4,581,406명에 대해서는 약 8.3%에 해당한다.

① 기초연금 수급자 대비 국민연금 동시 수급자의 비율은 2009년이 $719,030 \div 3,630,147 \times 100 = 19.8$%이며, 2016년이 $1,541,216 \div 4,581,406 \times 100 = 33.6$%이다.

② $4,581,406 \div 6,987,489 \times 100 = 65.6$%이므로 올바른 설명이다.

③ 전체 수급자는 4,581,406명이며, 이 중 2,351,026명이 단독가구 수급자이므로 전체의 약 51.3%에 해당한다.

④ 2009년 대비 2016년의 65세 이상 노인인구 증가율은 $(6,987,489 - 5,267,708) \div 5,267,708 \times 100$ = 약 32.6%이며, 기초연금수급자의 증가율은 $(4,581,406 - 3,630,147) \div 3,630,147 \times 100$ = 약 26.2%이므로 올바른 설명이다.

24 ①

甲 : 사망자가 공무원의 부모이고, 해당 공무원이 2인 이상(직계비속인 C와 D)인 경우이므로 사망한 자를 부양하던 직계비속인 공무원인 D가 사망조위금 최우선 순위 수급권자이다.

乙 : 사망자 C는 공무원의 배우자이자 자녀이다. 해당 공무원이 2인 이상(직계존속인 A와 B, 배우자인 D)인 경우이므로 사망한 자의 배우자인 공무원인 D가 사망조위금 최우선 순위 수급자이다.

丙 : 사망자 A 본인이 공무원인 경우로, 사망조위금 최우선 순위 수급자는 사망한 공무원의 배우자인 B가 된다.

25 ④

　㉠ 주어진 기간 동안 강풍 피해금액과 풍랑 피해금액의 합계를 각각 계산하여 비교하기 보다는 소거법을 이용하여 비교하는 것이 좋다. 비슷한 크기의 값들을 서로 비교하여 소거한 뒤 남은 값들의 크기를 비교해주는 것으로 2013년 강풍과 2014년 풍랑 피해금액이 70억 원으로 동일하고 2009, 2010, 2012년 강풍 피해금액의 합 244억 원과 2013년 풍랑 피해금액 241억 원이 비슷하다. 또한 2011, 2016년 강풍 피해금액의 합 336억 원과 2011년 풍랑 피해금액 331억 원이 비슷하다. 이 값들을 소거한 뒤 남은 값들을 비교해보면 강풍 피해금액의 합계가 풍랑 피해금액의 합계보다 더 작다는 것을 알 수 있다.

　㉡ 2016년 태풍 피해금액이 2016년 5개 자연재해 유형 전체 피해금액의 90% 이상이라는 것은 즉, 태풍을 제외한 나머지 4개 유형 피해금액의 합이 전체 피해금액의 10% 미만이라는 것을 의미한다. 2016년 태풍을 제외한 나머지 4개 유형 피해금액의 합을 계산하면 전체 피해금액의 10% 밖에 미치지 못함을 알 수 있다.

　㉢ 피해금액이 매년 10억 원보다 큰 자연재해 유형은 호우, 대설이 있다.

　㉣ 피해금액이 큰 자연재해 유형부터 순서대로 나열하면 2014년 호우, 태풍, 대설, 풍랑, 강풍이며 이 순서는 2015년의 순서와 동일하다.

26 ①

　㉠ 2016년부터 2017년에는 발전량과 공급의무율 모두 증가하였으므로 공급의무량 역시 증가하였을 것이다. 2015년과 2016년만 비교해보면 2015년의 공급의무량은 770이고 2016년의 공급의무량은 1,020이므로 2016년의 공급의무량이 더 많다.

　㉡ 인증서구입량은 2015년 15GWh에서 2017년에 160GWh로 10배 넘었지만, 같은 기간 자체공급량은 75GWh에서 690GWh로 10배를 넘지 못하였다. 따라서, 자체공급량의 증가율이 인증서구입량의 증가율보다 작다.

　㉢ 각 연도별로 공급의무량과 이행량 및 이 둘의 차이를 계산하면

　　• 공급의무량 = 공급의무율 × 발전량

　　－2015년 = $55,000 \times 0.014 = 770$

　　－2016년 = $51,000 \times 0.02 = 1,020$

　　－2017년 = $52,000 \times 0.03 = 1,560$

　　• 이행량 = 자체공급량 + 인증서구입량

　　－2015년 = $75 + 15 = 90$

　　－2016년 = $380 + 70 = 450$

　　－2017년 = $690 + 160 = 850$

　　• 공급의무량과 이행량의 차이

　　－2015년 = $770 - 90 = 680$

　　－2016년 = $1,020 - 450 = 570$

　　－2017년 $1,560 - 850 = 710$

　　2016년의 경우 전년에 비하여 공급의무량과 이행량의 차이가 감소한다.

　㉣ 이행량은 자체공급량과 인증서구입량의 합으로 구하므로 이행량에서 자체공급량이 차지하는 비중 대신에 인증서구입량 대비 자체공급량의 배율로 바꾸어 생각해보면

　　2015년 = $\dfrac{75}{15} = 5$

　　2016년 = $\dfrac{380}{70} = 5.4$

　　2017년 = $\dfrac{690}{160} = 4.3$

　　2016년에는 값이 5를 초과하지만 2017년에는 5 미만이 된다. 그러므로 2016년에서 2017년으로 갈 때 이행량에서 자체공급량이 차지하는 비중은 2016년에는 증가, 2017에는 감소하였다.

27 ②

첫째 자리에 선이 세 개 있으므로 15, 둘째 자리에는 점이 세 개 있으므로 60이 된다. 따라서 첫째 자리와 둘째 자리를 합한 값인 75를 입력하면 (그림 4)와 같은 결과를 얻을 수 있다.

28 ④

연도별 각 지역의 대형마트 수는 다음과 같다.

지역	2011년	2012년	2013년	2014년
A	13	15	16	15
B	10	11	11	10
C	9	8	9	6
D	8	7	4	6

따라서 2011년 대형마트 수가 가장 많은 지역은 A, 가장 적은 지역은 D이다.

29 ③

보통예금은 요구불 예금이며, 정기적금은 이자 수익을 얻는 금융 상품이다. 주식을 보유하는 목적은 시세 차익과 배당금 수익이다. 또한 수익증권은 위탁받은 자산운용회사가 운영한 수익을 고객에게 지급하는 금융 상품이다.

30 ②

각 대안별 월 소요 예산을 구하면 다음과 같다.

A안 : 모든 빈곤 가구에게 전체 가구 월 평균 소득의 25%에 해당하는 금액을 가구당 매월 지급한다고 하였으므로, $(300 \times 0.2 + 600 \times 0.2 + 500 \times 0.2 + 100 \times 0.2) \times (2,000,000 \times 0.25) = 300 \times 500,000 = 150,000,000$원이 필요하다.

B안 : 한 자녀 가구에는 10만 원, 두 자녀 가구에는 20만 원, 세 자녀 이상 가구에는 30만 원을 가구당 매월 지급한다고 하였으므로, $(600 \times 100,000 + 500 \times 200,000 + 100 \times 300,000) = 60,000,000 + 100,000,000 + 30,000,000 = 190,000,000$원이 필요하다.

C안 : 자녀가 있는 모든 맞벌이 가구에 자녀 1명당 30만 원을 매월 지급하고 세 자녀 이상의 맞벌이 가구에는 일률적으로 가구당 100만 원을 매월 지급한다고 하였으므로, $\{(600 \times 0.3) \times 300,000\} + \{(500 \times 0.3) \times 2 \times 300,000\} + \{(100 \times 0.3) \times 1,000,000\} = 54,000,000 + 90,000,000 + 30,000,000 = 174,000,000$원이 필요하다.

따라서 A < C < B 순이다.

31 ②

② 최단 기간에 업무를 끝내기 위해 필요한 최소 인력은 8명이다.

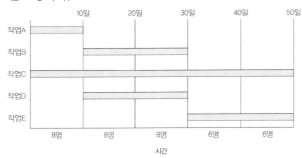

작업장 사용료 : 50일×50만 원=2,500만 원

인건비 : {(8인×30일) + (6인×20일)}×10만 원=3,600만 원

32 ④

④ 실태조사를 위해선 대화의 방법, 횟수, 시간, 중요성 등을 조사하여야 한다.

33 ③

③ 주어진 글에서 선진국과 아동·청소년의 근시 비율의 관계는 알 수 없다.

34 ①

언어의 기능

㉠ **표현적 기능** : 말하는 사람의 감정이나 태도를 나타내는 기능이다. 언어의 개념적 의미보다는 감정적인 의미가 중시된다. →[예 : 느낌, 놀람 등 감탄의 말이나 욕설, 희로애락의 감정표현, 폭언 등]

㉡ **정보전달기능** : 말하는 사람이 알고 있는 사실이나 지식, 정보를 상대방에게 알려 주기 위해 사용하는 기능이다. →[예 : 설명, 신문기사, 광고 등]

㉢ **사교적 기능**(친교적 기능) : 상대방과 친교를 확보하거나 확인하여 서로 의사소통의 통로를 열어 놓아주는 기능이다. →[예 : 인사말, 취임사. 고별사 등]

㉣ **미적 기능** : 언어예술작품에 사용되는 것으로 언어를 통해 미적인 가치를 추구하는 기능이다. 이 경우에는 감정적 의미만이 아니라 개념적 의미도 아주 중시된다. →[예 : 시에 사용되는 언어]

㉤ **지령적 기능**(감화적 기능) : 말하는 사람이 상대방에게 지시를 하여 특정 행위를 하게 하거나, 하지 않도록 함으로써 자신의 목적을 달성하려는 기능이다. →[예 : 법률, 각종 규칙, 단체협약, 명령, 요청, 광고문 등의 언어]

35 ④

기획안의 작성도 중요하나 발표시 문서의 내용을 효과적으로 전달하는 것이 무엇보다 중요하다. 문서만 보면 내용을 이해하기 어렵고 의도한 내용을 바로 파악할 수 없기 때문에 간결하고 시각적인 문서작성이 중요하다.

36 ⑤

⑤ 고급문화와 대중문화의 경계가 무너지고 장르 간 구분이 모호해지면서 서로 다른 문화가 뒤섞여 새로운 문화가 생겨나고 있다고 언급하고 있다.

37 ③

'뿐만 아니라'의 쓰임으로 볼 때 이 글의 앞부분에는 문화와 경제의 영역이 무너지고 있다는 내용이 언급되어야 한다. 따라서 ㈏ 뒤에 이어지는 것이 적절하다.

38 ③

일정의 최종 결정권한은 상사에게 있으므로 부하직원이 스스로 독단적으로 처리해서는 안 된다.

39 ③

명칭 파일링 시스템(Alphabetic Filing System) … 문서 등을 알파벳순이나 자모순으로 배열한 것으로 가이드 배열이 단순·간편하고 유지비용이 저렴하며 직접검색이 용이하다. 하지만 보안의 위험이 크고 배열오류가 발생하기 쉽다.

40 ③

주어진 조건들을 종합하면 A는 파란색 옷 입은 의사, B는 초록색 옷을 입은 선생님, C는 검은색 옷을 입은 외교관, D는 갈색 옷을 입은 경찰이므로 회장의 직업은 경찰이고, 부회장의 직업은 의사이다.

	외교관, 검정 C ↓	의사, 파랑 A ↑
창 가	↑ D 경찰, 갈색	↑ B 선생님, 초록

41 ③

워크숍 첫날인 28일 밤 9시에는 '구름 조금'이라고 명시되어 있음을 내용을 통해 알 수 있다.

42 ③

오대리가 수집하고자 하는 고객정보에는 고객의 연령과 현재 사용하고 있는 스마트폰의 모델, 좋아하는 디자인, 사용하면서 불편해 하는 사항, 지불 가능한 액수 등에 대한 정보가 반드시 필요하다.

43 ⑤

정보활용의 전략적 기획(5W2H)
㉠ WHAT(무엇을?) : 50~60대 고객들이 현재 사용하고 있는 스마트폰의 모델과 좋아하는 디자인, 사용하면서 불편해 하는 사항, 지불 가능한 액수 등에 대한 정보
㉡ WHERE(어디에서?) : 사내에 저장된 고객정보
㉢ WHEN(언제까지?) : 이번 주
㉣ WHY(왜?) : 스마트폰 신상품에 대한 기획안을 작성하기 위해
㉤ WHO(누가?) : 오대리
㉥ HOW(어떻게?) : 고객센터에 근무하는 조대리에게 관련 자료를 요청
㉦ HOW MUCH(얼마나?) : 따로 정보수집으로 인한 비용이 들지 않는다.

44 ①

① 합계점수가 높은 순으로 정렬 후 인쇄해야 하므로 텍스트 오름차순이 아닌 텍스트 내림차순으로 정렬해야 한다.

45 ③

2011년 10월 생산품이므로 1110의 코드가 부여되며, 일본 '왈러스' 사는 5K, 여성용 02와 블라우스 해당코드 006, 10,215번째 입고품의 시리얼 넘버 10215가 제품 코드로 사용되므로 1110 − 5K − 02006 − 10215 가 된다.

46 ③

2008년 10월에 생산되었으며, 멕시코 Fama의 생산품이다. 또한, 아웃도어용 신발을 의미하며 910번째로 입고된 제품임을 알 수 있다.

47 ③

Index 뒤에 나타나는 문자가 오류 문자이므로 이 상황에서 오류 문자는 'GHWDYC'이다. 오류 문자 중 오류 발생 위치의 문자와 일치하지 않는 알파벳은 G, H, W, D, Y 5개이므로 처리코드는 'Atnih'이다.

48 ③

Index 뒤에 나타나는 문자가 오류 문자이므로 이 상황에서 오류 문자는 'UGCTGHWT'이다. 오류 문자 중 오류 발생 위치의 문자와 일치하지 않는 알파벳은 U, C, H, W 4개이므로 처리코드는 'Atnih'이다.

49 ③

n=0, S=1

n=1, S=$1+1^2$

n=2, S=$1+1^2+2^2$

...

n=7, S=$1+1^2+2^2+\cdots+7^2$

∴ 출력되는 S의 값은 141이다.

50 ②

① 'ㅎ'을 누르면 2명이 뜬다(민하린, 김혜서).

③ '55'를 누르면 3명이 뜬다
   (0254685554, 0514954554, 0319485575).

④ 'ㅂ'을 누르면 1명이 뜬다(심빈우).

⑤ 'ㅅ'을 누르면 과반수 이상인 4명이 뜬다
   (이서경, 심빈우, 김혜서, 전태숭).

1 ②

② 제1조 ⑤에 따르면 당사자의 신문이 쟁점과 관계가 없는 때, 재판장은 당사자의 신문을 제한할 수 있다.

① 제1조 ③에 따르면 재판장은 제1항과 제2항의 규정에 불구하고 언제든지 신문할 수 있다.

③ 제1조 ④에 따르면 재판장은 당사자의 의견을 들어 제1항과 제2항의 규정에 따른 신문의 순서를 바꿀 수 있다. 따라서 B와 C가 아닌 甲과 乙의 의견을 들어야 한다.

④ 제3조에 따르면 증인 서로의 대질을 명할 수 있는 것은 재판장 A이다.

⑤ 제4조에 따르면 서류에 의해 진술하려면 재판장 A의 허가가 필요하다.

2 ②

② A는 기업 간 경쟁이 임금차별 완화의 핵심이라고 주장하며 기업들 사이의 경쟁이 강화될수록 임금차별은 자연스럽게 줄어들 수밖에 없을 것이라고 말하지만, 기업 간 경쟁이 약화되는 것을 방지하기 위한 보완 정책을 수립해야 한다고 하고 있지는 않다.

3 ④

'가을 전도' 현상은 가을의 차가운 대기로 인해 표층수의 온도가 물의 최대 밀도가 되는 4℃에 가깝게 하강하면 아래쪽으로 가라앉으면서 상대적으로 밀도가 낮은 아래쪽의 물이 위쪽으로 올라오게 되는 현상을 말한다.

4 ②

A가 잠을 자지 않아 결국 공부를 포기했으며, 그러한 상태가 지속될 경우 일어날 수 있는 부정적인 결과를 나열함으로써 잠이 우리에게 꼭 필요한 것임을 강조하고 있다.

5 ②

효과적인 수면의 중요성을 말하기 위하여, 역사상 잠을 안 잔 것으로 유명한 나폴레옹이나 에디슨도 진짜로 잠을 안 잔 것이 아니라, 효과적으로 수면을 취했음을 예로 제시하고 있다. 나폴레옹은 말안장 위에서도 잤고, 에디슨은 친구와 말을 하면서도 잠을 잤다는 내용이다.

6 ④

'빽빽하고', '박탈', '중죄인', '과연' 등은 낱말의 뜻을 알아야 하는 것이기 때문에 사전(辭典)을 이용해야 한다. 반면에 '워털루 전투'는 역사적인 사건이기 때문에 역사 사전과 같은 사전(事典)을 활용하여 구체적인 정보를 얻는 것이 알맞다.

7 ③

의료 서비스 시장에서는 의료 행위를 하기 위한 자격이 필요하고, 환자가 만족할 만한 수준의 병원을 설립하는 데 비용이 많이 들어 의사와 병원의 수가 적어 소비자의 선택의 폭이 좁다고 하였다.

8 ④

기타사항에 3개월 인턴 후 평가(70점 이상)에 따라 정식 고용 여부를 결정한다고 명시되어 있다.

9 ③

③ 지난 시즌이라고만 명시했지 구체적으로 언제 발간했는지 밝혀지지 않았다.

10 ③

③ 의사소통은 기계적인 정보 전달 이상의 것이다. 따라서 정보의 전달에만 치중하기보다는 서로 다른 이해와 의미를 가지고 있는 사람들이 공유할 수 있는 의미와 이해를 만들기 위해 상호 노력하는 과정으로 이해해야 한다.

11 ④

제시된 조건을 통해 외판원들의 판매실적을 유추하면 A>B, D>C이다. 또한 F>E>A, E>B>D임을 알 수 있다. 결과적으로 F>E>A>B>D>C가 된다.
① 외판원 C의 실적은 꼴찌이다.
② B의 실적보다 안 좋은 외판원은 2명이다.
③ 두 번째로 실적이 좋은 외판원은 E이다.
⑤ A의 실적보다 좋은 외판원은 2명이다.

12 ③

고객이 원하는 3기가 이상의 인터넷과 1회 컬러링이 부가된 것은 55요금제이다.

13 ③

55요금제는 매월 3기가의 인터넷과 120분의 통화, 1회의 컬러링이 무료로 사용할 수 있다.

14 ①

조건에 따르면 영업과 사무 분야의 일은 A가 하는 것이 아니고, 관리는 B가 하는 것이 아니므로 'A – 관리, B – 사무, C – 영업, D – 전산, E – 홍보'의 일을 하게 된다.

15 ③

㉠ "옆에 범인이 있다."고 진술한 경우를 ○, "옆에 범인이 없다."고 진술한 경우를 ×라고 하면

1	2	3	4	5	6	7	8	9
○	×	×	○	×	○	○	○	×
							시민	

• 9번이 범인이라고 가정하면
  9번은 "옆에 범인이 없다.'고 진술하였으므로 8번과 1번 중에 범인이 있어야 한다. 그러나 8번이 시민이므로 1번이 범인이 된다. 1번은 "옆에 범인이 있다."라고 진술하였으므로 2번과 9번에 범인이 없어야 한다. 그러나 9번이 범인이므로 모순이 되어 9번은 범인일 수 없다.

• 9번이 시민이라고 가정하면
  9번은 "옆에 범인이 없다."라고 진술하였으므로 1번도 시민이 된다. 1번은 "옆에 범인이 있다."라고 진술하였으므로 2번은 범인이 된다. 2번은 "옆에 범인이 없다."라고 진술하였으므로 3번도 범인이 된다. 8번은 시민인데 "옆에 범인이 있다."라고 진술하였으므로 9번은 시민이므로 7번은 범인이 된다. 그러므로 범인은 2, 3, 7번이고 나머지는 모두 시민이 된다.

㉡ 모두가 "옆에 범인이 있다."라고 진술하면 시민 2명, 범인 1명의 순으로 반복해서 배치되므로 옳은 설명이다.

㉢ 다음과 같은 경우가 있음으로 틀린 설명이다.

1	2	3	4	5	6	7	8	9
○	○	○	○	○	○	○	×	○
범인	시민	시민	범인	시민	범인	시민	시민	시민

16 ④

같은 숫자가 나올 확률은 $(1, 1)$, $(2, 2)$, $(3, 3)$, $(4, 4)$, $(5, 5)$, $(6, 6)$이므로 $\dfrac{6}{36}$이다.

따라서 서로 다른 숫자가 나올 확률은
$1 - \dfrac{6}{36} = \dfrac{30}{36} = \dfrac{5}{6}$이다.

17 ④

사진 6장에 추가하여 뽑는 사진의 수를 x라 하면
$\dfrac{4,000 + 200x}{6 + x} \le 400$
$\Rightarrow 4,000 + 200x \le 400 \times (6 + x)$
$\Rightarrow 4,000 + 200x \le 2,400 + 400x \Rightarrow 8 \le x$
따라서 $(6 + 8 =)14$장 이상을 뽑으면 사진 한 장의 가격이 400원 이하가 된다.

18 ④

2017년 강도와 살인의 발생건수 합은

$5,753 + 132 = 5,885$건으로 4대 범죄 발생건수의 26.4% $\left(\dfrac{5,885}{22,310} \times 100 = 26.37\right)$를 차지하고 검거건수의 합은

$5,481 + 122 = 5,603$건으로 4대 범죄 검거건수의

$28.3\%\left(\dfrac{5,603}{19,771} \times 100 = 28.3\right)$를 차지한다.

① 2014년 인구 10만 명당 발생건수는

$\dfrac{18,258}{49,346} \times 100 = 36.99 ≒ 37$이므로 매년 증가한다.

② 발생건수와 검거건수가 가장 적게 증가한 연도는 2016년으로 동일하다. 발생건수 증가율은 2015년 6.8%, 2016년 0.9%, 2017년 13.4%, 검거건수 증가율은 2015년 1.73%, 2016년 1.38%, 2017년 18.9%이다.

③ 2017년 발생건수 대비 검거건수 비율이 가장 낮은 범죄 유형의 발생건수는 강도 95%, 살인 92%, 정도 85%, 방화 99%에서 절도이다. 2017년 4대 범죄 유형별 발생건수 총 22,310건이고 60%는 13,386건이 된다. 절도의 발생건수는 14,778건이므로 60%가 넘는다.

⑤ 2017년 범죄 발생건수 중 방화가 차지하는 비율은 7.4%이고, 2017년 검거건수 중 방화가 차지하는 비율은 8.3%로 약 0.9%p 차이가 난다.

19 ④

금리가 지속적으로 하락하면 대출시 고정 금리보다 변동 금리를 선택하는 것이 유리하다.

㉠㉡ 요구불 예금의 금리와 예대 마진은 지속적으로 증가하지 않는다.

20 ④

구분	인문·사회	자연·공학	전체
A 대학교	2,350 (약 42.0%)	3,241 (약 58.0%)	5,591
B 대학교	2,240 (약 55.7%)	1,783 (약 44.3%)	4,023
C 대학교	3,478 (약 44.8%)	4,282 (약 55.2%)	7,760
D 대학교	773 (약 62.8%)	458 (약 37.2%)	1,231
E 대학교	1,484 (약 47.4%)	1,644 (약 52.6%)	3,128

구분	수시전형			정시전형			정시 기준 수시 정원
	인문·사회	자연·공학	소계	인문·사회	자연·공학	소계	
A 대학교	1,175	1,652	2,827	1,175	1,589	2,764	+63
B 대학교	536	402	938	1,704	1,381	3,085	-2,147
C 대학교	2,331	2,840	5,171	1,147	1,442	2,589	+2,582
D 대학교	319	215	534	454	243	697	-163
E 대학교	725	746	1,471	759	898	1,657	-186

㉠ 전체 신입생 정원에서 인문·사회 계열 정원의 비율이 가장 높은 대학교는 D 대학교이다.

㉢ 수시전형으로 선발하는 신입생 정원이 정시전형으로 선발하는 신입생 정원보다 많은 대학교는 A 대학교와 C 대학교이다.

21 ①

표에 따르면 2016년과 2017년 모두 전년대비 1인당 이산화탄소 배출량이 증가한 국가는 B와 D이다. 첫 번째 조건에서 보면 브라질과 사우디가 된다.

브라질은 매년 인구가 1억 명 이상이므로 B와 D 중 매년 인구가 1억 명 이상인 국가는 브라질이다.

2015년 B는 $15.22 = \dfrac{41.49}{x} \rightarrow x = \dfrac{41.49}{15.22} = 2.73$,

D는 $1.99 = \dfrac{38.85}{x} \rightarrow x = \dfrac{38.85}{1.99} = 19.52$

그러므로 D가 브라질이고, B가 사우디가 된다.

2017년의 한국인구, A인구, C인구를 계산해 보면

한국인구$= \dfrac{59.29}{11.86} = 4.999 ≒ 5 \rightarrow 5$천 명

A인구$= \dfrac{37.61}{7.2} = 5.2 \rightarrow 5$천 2백 명

C인구$= \dfrac{53.37}{15.3} = 3.48 ≒ 3.5 \rightarrow 3$천 5백 명

A가 남아공, C가 캐나다가 된다.

22 ①

$x = 667.6 - (568.9 + 62.6 + 22.1) = 14.0$

23 ④

① 2007년 : $\dfrac{591.4 - 575.3}{575.3} \times 100 \fallingdotseq 2.8(\%)$

② 2008년 : $\dfrac{605.4 - 591.4}{591.4} \times 100 \fallingdotseq 2.4(\%)$

③ 2009년 : $\dfrac{609.2 - 605.4}{605.4} \times 100 \fallingdotseq 0.6(\%)$

④ 2010년 : $\dfrac{667.8 - 609.2}{609.2} \times 100 \fallingdotseq 9.6(\%)$

⑤ 2011년 : $\dfrac{697.7 - 667.8}{667.8} \times 100 \fallingdotseq 4.5(\%)$

24 ④

A국은 1차 산업의 비중이 높고, B국은 선진국형, C국은 중진국형, D국은 후진국형 산업 구조이다. 따라서 B국은 C국보다 산업 구조의 고도화가 더 진행되었다.

25 ④

① 올해 배추 생산량은 지난해에 비해 약 3% 상승했다.

② 배추의 재배면적은 지난해에 비해 올해에는 약 7% 감소, 무의 재배면적은 4% 감소했으므로 배추가 더 감소했다.

③ 올해 단위면적당 배추 생산량은 변함이 없다.

⑤ 올해 무 생산량은 지난해에 비해 약 24% 감소했다.

26 ④

을은 뒷면을 가공한 이후 갑의 앞면 가공이 끝날 때까지 5분을 기다려야 한다.

뒷면 가공 15분 → 5분 기다림 → 앞면 가공 20분 → 조립 5분

총 45분이 걸리고, 유휴 시간은 기다린 시간인 5분이 된다.

27 ④

완성품 납품 개수는 30 + 20 + 30 + 20으로 총 100개이다.

완성품 1개당 부품 A는 10개가 필요하므로 총 1,000개가 필요하고, B는 300개, C는 500개가 필요하다.

이때 각 부품의 재고 수량에서 부품 A는 500개를 가지고 있으므로 필요한 1,000개에서 가지고 있는 500개를 빼면 500개의 부품을 주문해야 한다.

부품 B는 120개를 가지고 있으므로 필요한 300개에서 가지고 있는 120개를 빼면 180개를 주문해야 하며, 부품 C는 250개를 가지고 있으므로 필요한 500개에서 가지고 있는 250개를 빼면 250개를 주문해야 한다.

28 ③

재고 수량에 따라 완성품을 A 부품으로는 $100 \div 2 = 50$개, B 부품으로는 $300 \div 3 = 100$개, C 부품으로는 $2,000 \div 20 = 100$개, D 부품으로는 $150 \div 1 = 150$개까지 만들 수 있다.

완성품은 A, B, C, D가 모두 조립되어야 하므로 50개만 만들 수 있다.

완성품 1개당 소요 비용은 완성품 1개당 소요량과 단가의 곱으로 구하면 되므로 A 부품 $2 \times 50 = 100$원, B 부품 $3 \times 100 = 300$원, C 부품 $20 \times 10 = 200$원, D 부품 $1 \times 400 = 400$원이다.

이를 모두 합하면 $100 + 300 + 200 + 400 = 1,000$원이 된다.

29 ⑤

각 도시별 자동차 대수를 구해보면 자동차 대수의 단위가 1,000명이므로 10을 곱하여 만 명당 대수로 변환하게 계산을 하면 된다.

A : $100 \times 2,000 = 200,000$

B : $70 \times 1,500 = 105,000$

C : $50 \times 4,500 = 225,000$

D : $40 \times 3,000 = 120,000$

E : $50 \times 5,000 = 250,000$

30 ③

　　⊙ 출고가 대비 공시지원금의 비율을 계산해 보면

　　　　• A= $\dfrac{210,000}{858,000} \times 100 = 24.48\%$

　　　　• B= $\dfrac{230,000}{900,000} \times 100 = 25.56\%$

　　　　• C= $\dfrac{150,000}{780,000} \times 100 = 19.23\%$

　　　　• D= $\dfrac{190,000}{990,000} \times 100 = 19.19\%$

　　그러므로 '병'과 '정'은 C아니면 D가 된다.

　　⊙ 공시지원금을 선택하는 경우 월 납부액보다 요금 할인을 선택하는 경우 월 납부액이 더 큰 스마트폰은 '갑'이다. A와 B를 비교해보면

　　　　• A

　　　　−공시지원금

　　　　$= \dfrac{858,000-(210,000\times1.1)}{24}+51,000 = 77,120$ 원

　　　　−요금할인$= 51,000\times0.8+\dfrac{858,000}{24} = 76,550$ 원

　　　　• B

　　　　−공시지원금

　　　　$= \dfrac{900,000-(230,000\times1.1)}{24}+51,000 = 77,750$ 원

　　　　−요금할인$= 51,000\times0.8+\dfrac{900,000}{24} = 78,300$ 원

　　B가 '갑'이 된다.

　　⊙ 공시지원금을 선택하는 경우 월 기기값이 가장 작은 스마트폰 기종은 '정'이다.

　　　C와 D를 비교해 보면

　　　　• C= $\dfrac{780,000-(150,000\times1.1)}{24} = 25,620$ 원

　　　　• D= $\dfrac{990,000-(190,000\times1.1)}{24} = 32,540$ 원

　　　C가 '정'이 된다.

　　그러므로 A=을, B=갑, C=정, D=병이 된다.

31 ③

　　① 19일 수요일 오후 1시 울릉도 도착, 20일 목요일 독도 방문, 22일 토요일은 복귀하는 날인데 종아는 매주 금요일에 술을 마시므로 멀미로 인해 선박을 이용하지 못한다. 또한 금요일 오후 6시 호박엿 만들기 체험도 해야 한다.

　　② 20일 목요일 오후 1시 울릉도 도착, 독도는 화요일과 목요일만 출발하므로 불가능

　　③ 23일 일요일 오후 1시 울릉도 도착, 24일 월요일 호박엿 만들기 체험, 25일 화요일 독도 방문, 26일 수요일 포함 도착

　　④ 25일 화요일 오후 1시 울릉도 도착, 27일 목요일 독도 방문, 28일 금요일 호박엿 만들기 체험은 오후 6시인데, 복귀하는 선박은 오후 3시 출발이라 불가능

　　⑤ 26일 수요일 오후 1시 울릉도 도착, 27일 목요일 독도 방문, 28일 금요일 오후 6시 호박엿 만들기 체험까지는 가능하지만 금요일에 술을 마시면 토요일에 복귀하는 선박을 탈 수 없으며, 토요일 파고가 3.3m로 운항하지도 않는다.

32 ③

내용을 보면 박 대리는 공적인 업무를 처리하는 과정에서 출판사 대표와의 사적인 내용을 담아 출판사 대표와 자신이 근무하는 회사에 피해를 안겨준 사례이다.

33 ④

정보를 통해 정리해 보면 다음과 같다.

　　G → D → E → A → C → B → F

34 ③

③ 대화 속의 남과 여는 디지털 글쓰기의 장점과 단점에 대해 이야기하고 있다. 따라서 두 사람이 제출했을 토론 주제로는 '디지털 글쓰기의 장단점'이 적합하다.

35 ②

② 다른 나라에 진출한 타 기업 수 현황 자료는 '다른 나라와의 경제적 연대 증진'이라는 해외 시장 진출의 의의를 뒷받침하는 근거 자료로 적합하지 않다.

36 ②

첫 문단 마지막에 '그렇다면 윤리적 채식주의 관점에서 볼 때, 육식의 윤리적 문제점은 무엇인가?'라는 문장을 통해 앞을 말하고자 하는 중심 내용을 밝히고 있다.

37 ④

생태론적 관점은 지구의 모든 생명체들이 서로 유기적으로 연결되어 존재한다고 보는 입장이다. 따라서 하나의 유기체로서 지구 생명체에 대한 유익성 여부를 도덕성 판단 기준으로 보아야 하므로, 생태론적 관점을 지닌 사람들은 바이오 연료를 유해한 것으로 판단할 것이다.

38 ①

금요일에는 제육덮밥이 편성된다. 목요일에는 오므라이스를 편성할 수 없고, 다섯 번째 조건에 의해 나물 비빔밥도 편성할 수 없다. 따라서 목요일에는 돈가스 정식 또는 크림 파스타가 편성되어야 한다. 마지막 조건과 두 번째 조건에 의해 돈가스 정식은 월요일, 목요일에도 편성할 수 없으므로 돈가스 정식은 화요일에 편성된다. 따라서 목요일에는 크림 파스타, 월요일에는 나물 비빔밥이 편성된다.

39 ④

ⓛⓜ에 의해 B, D가 지하철을 이용함을 알 수 있다.
ⓒⓗ에 의해 E는 마케팅에 지원했음을 알 수 있다.
ⓜ에 의해 B는 회계에 지원했음을 알 수 있다.
A와 C는 버스를 이용하고, E는 택시를 이용한다.
A는 출판, B는 회계, C와 D는 생산 또는 시설관리, E는 마케팅에 지원했음을 알 수 있다.

40 ④

'안정적 자금 공급'이 자사의 강점이기 때문에 '안정적인 자금 확보를 위한 자본구조 개선'는 향후 해결해야 할 과제에 속하지 않는다.

41 ④

① 노트북 83번 모델은 한국 창원공장과 구미공장 두 곳에서 생산되었다.
② 15년에 생산된 제품이 17개로 14년에 생산된 제품보다 4개 더 많다.
③ TV 36번 모델은 한국 청주공장에서 생산되었다.
⑤ CNB의 제조년월은 1410 또는 1412이고 CNA의 제조년월은 1508 또는 1509이다.

42 ②

중국 옌타이 제1공장의 C라인은 제품 코드의 "CNB – 1C"으로 알 수 있다. 에어컨 58번 모델 두 개를 반품해야 한다.

43 ①

[제품 종류] – [모델 번호] – [생산 국가/도시] – [공장과 라인] – [제조연월]
AI(에어컨) – 59 – KRB(한국/청주) – 2B – 1511

44 ②

㈎는 WAVE, ㈏는 MP3에 관한 설명이다.

45 ①

파일의 용량을 줄이거나 화면크기를 변경하는 등 정보의 형태나 형식을 변환하는 처리 방식을 인코딩이라 한다.

46 ④

① 부팅이 안 될 때 문제해결을 위한 방법이다.
② 디스크 용량 부족 시 대처하는 방법이다.
③ 응답하지 않는 프로그램 발생 시 대처방법이다.

47 ③

Alt + PrtSc : 활성창을 클립보드로 복사
Alt + Esc : 실행 중인 프로그램을 순서대로 전환

48 ④

코드 1605(2016년 5월), 1D(유럽 독일), 01001(가공식품류 소시지) 00064(64번째로 수입)가 들어가야 한다.

49 ④

④는 아프리카 이집트에서 생산된 장갑의 코드번호이다.

① 중동 이란에서 생산된 신발의 코드번호

② 동남아시아 필리핀에서 생산된 바나나의 코드번호

③ 일본에서 생산된 의류의 코드번호

50 ③

1703(2017년 3월), 4L(동남아시아 캄보디아), 03011
(농수산식품류 후추), 00001(첫 번째로 수입)

서 원 각

www.goseowon.co.kr